Que este livro de colorir seja um mundo mágico de imaginação e criatividade para todas as crianças que o explorarem. Que cada página seja um convite para sonhar, sorrir e expressar-se com cores vibrantes. Que cada traço seja uma oportunidade de descoberta e aprendizado. Que a alegria de colorir estas páginas seja um reflexo do brilho e da beleza que cada criança carrega dentro de si.

Carinhosamente.

2024
Thainá Marques

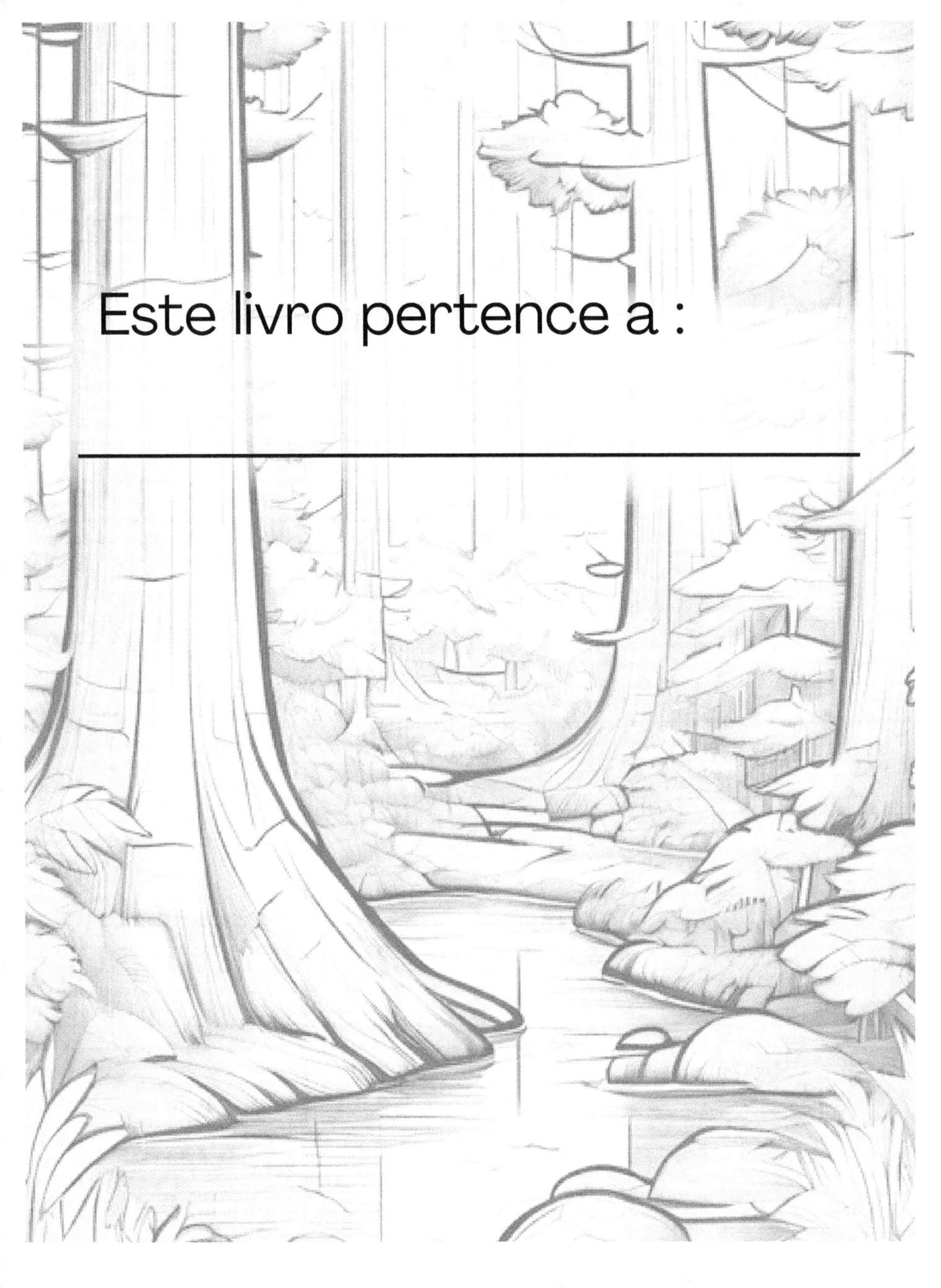

Este livro pertence a :

_____

Prova de cor

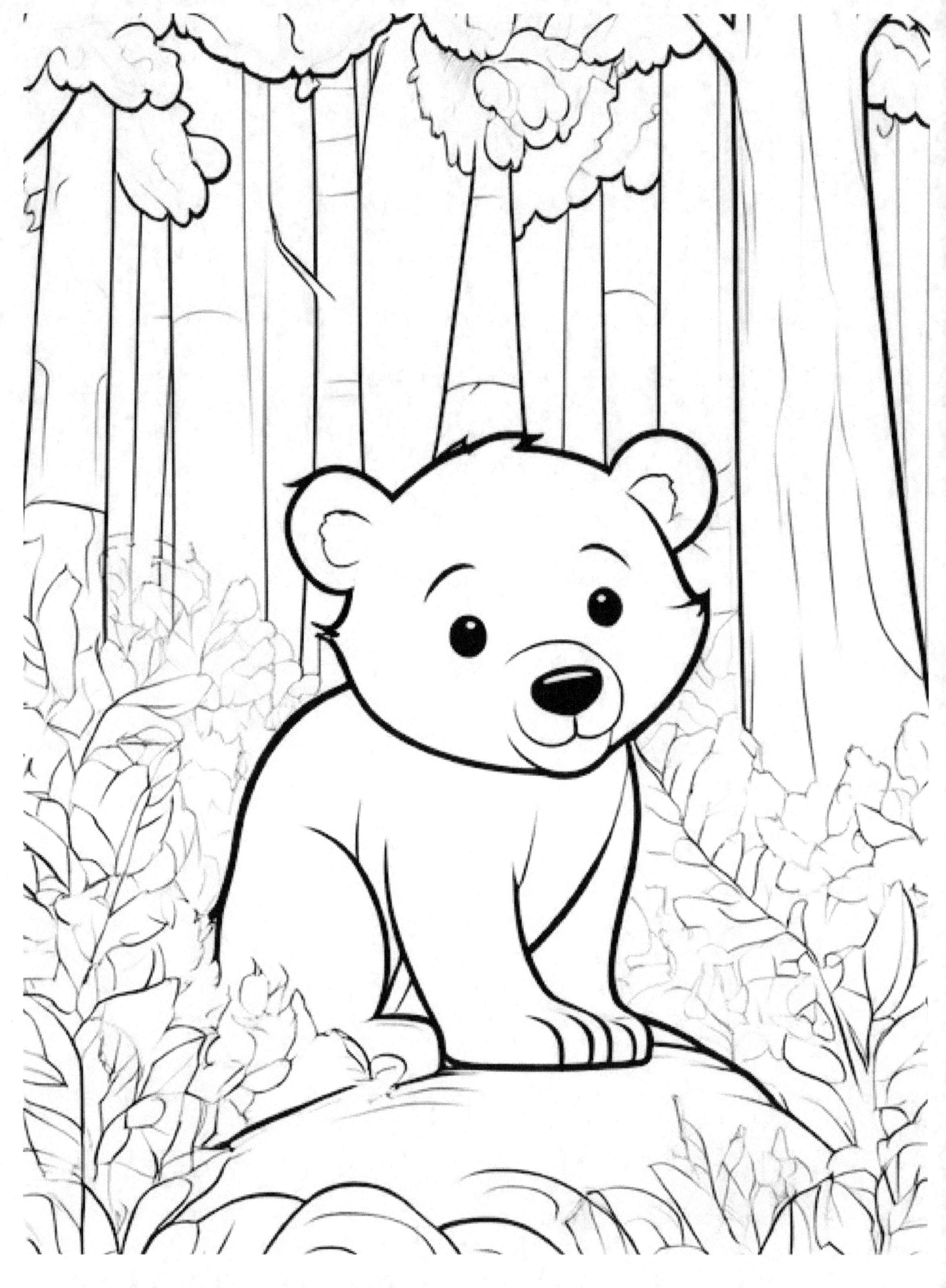

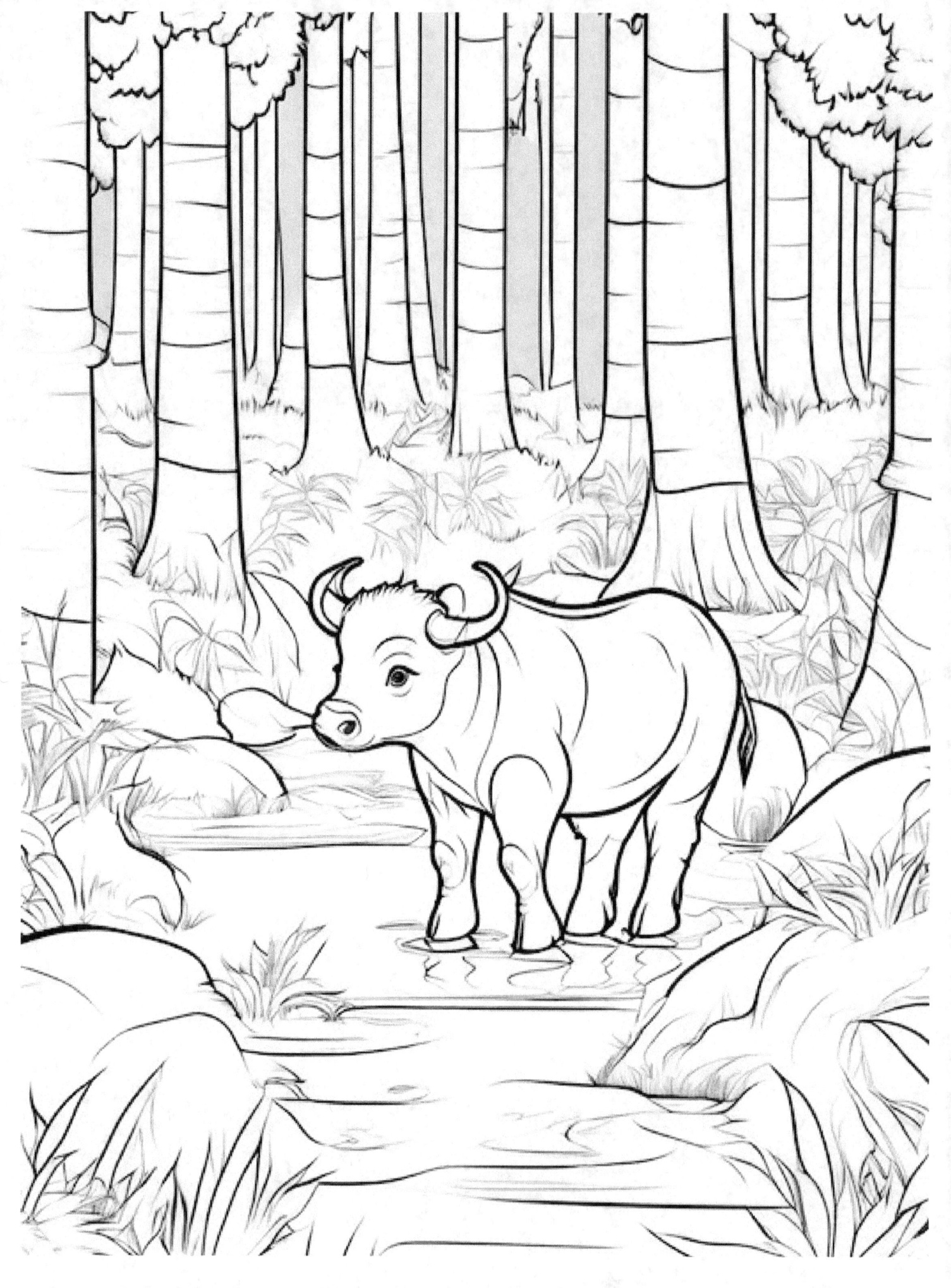

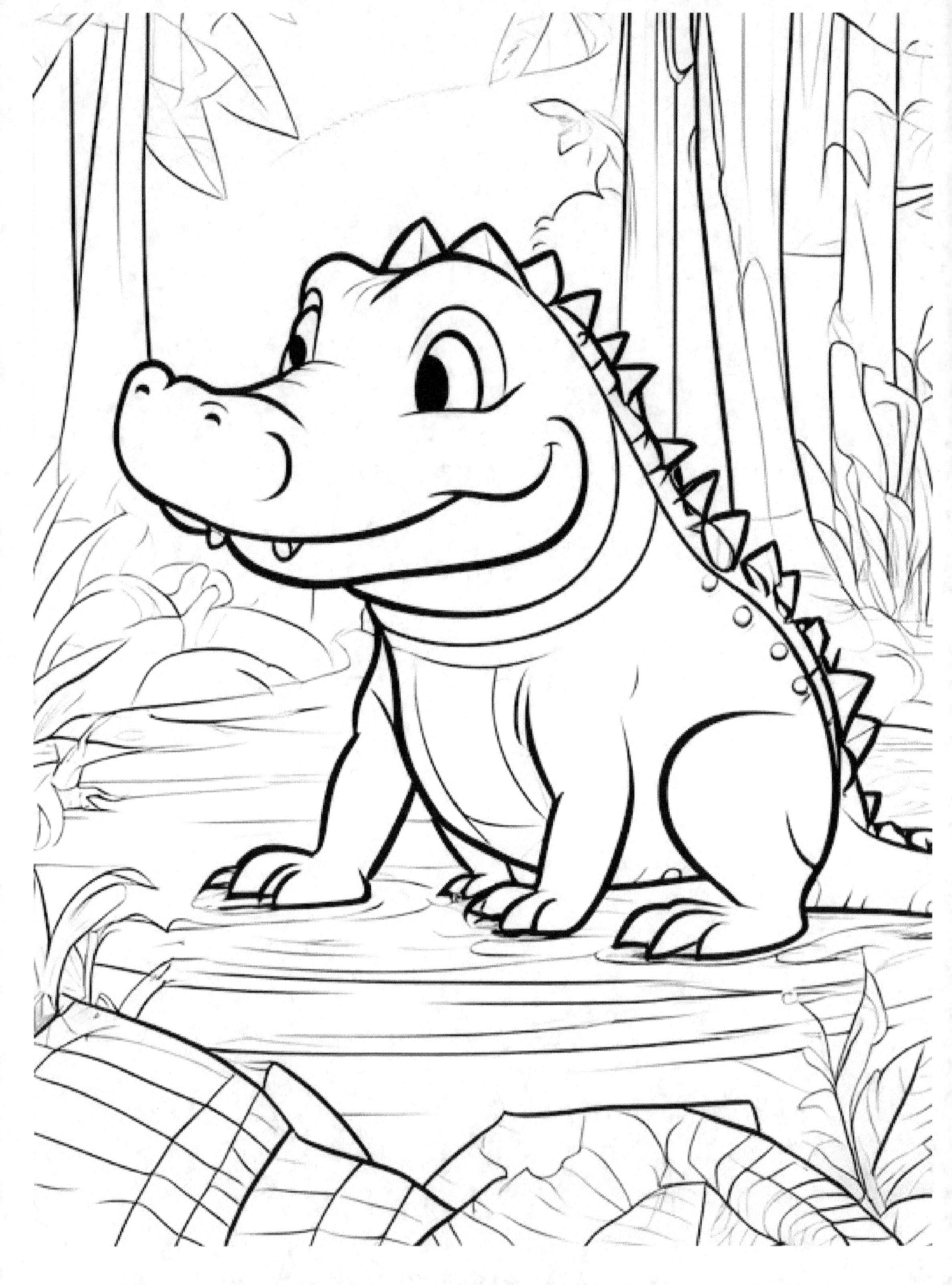

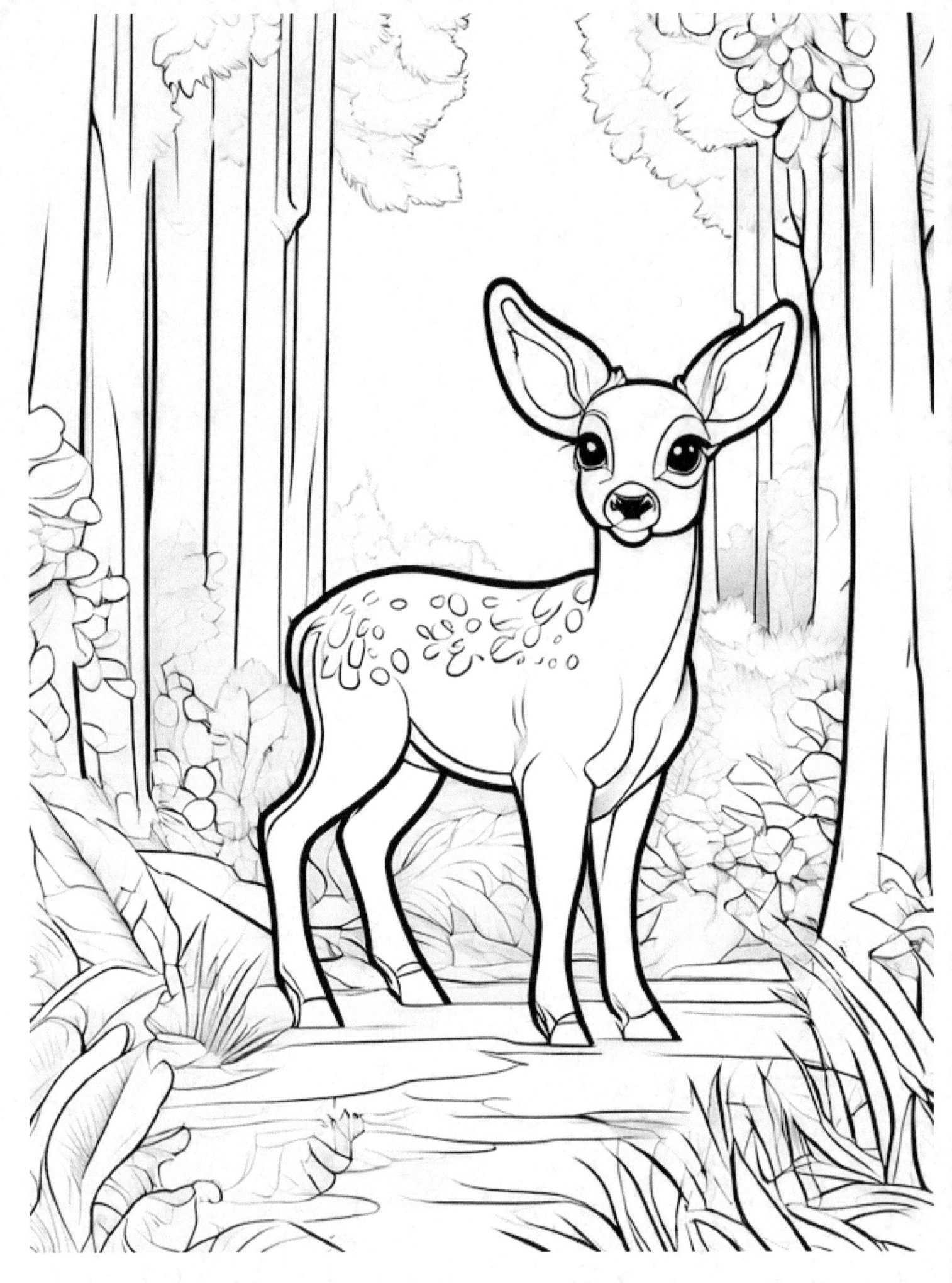

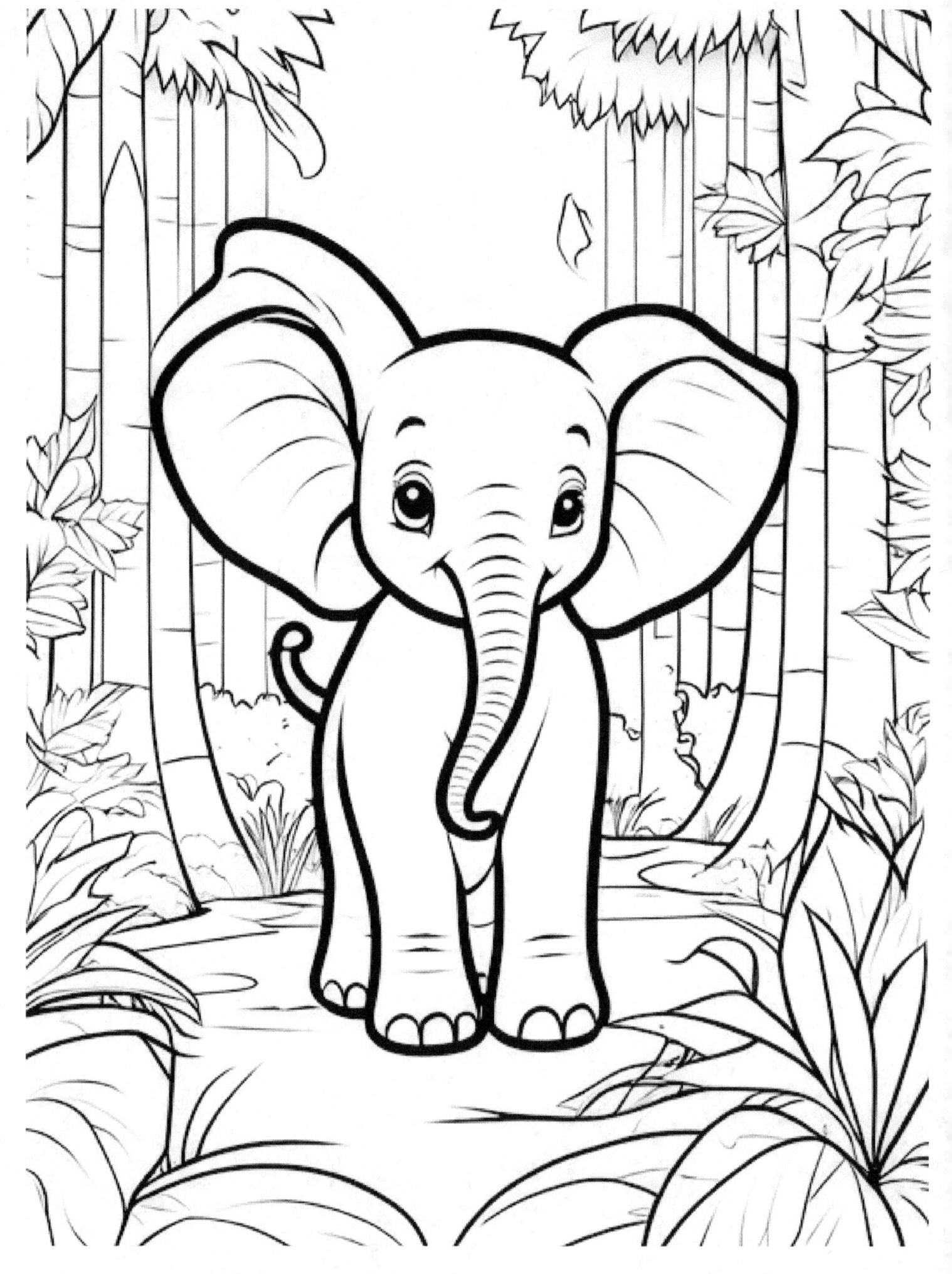

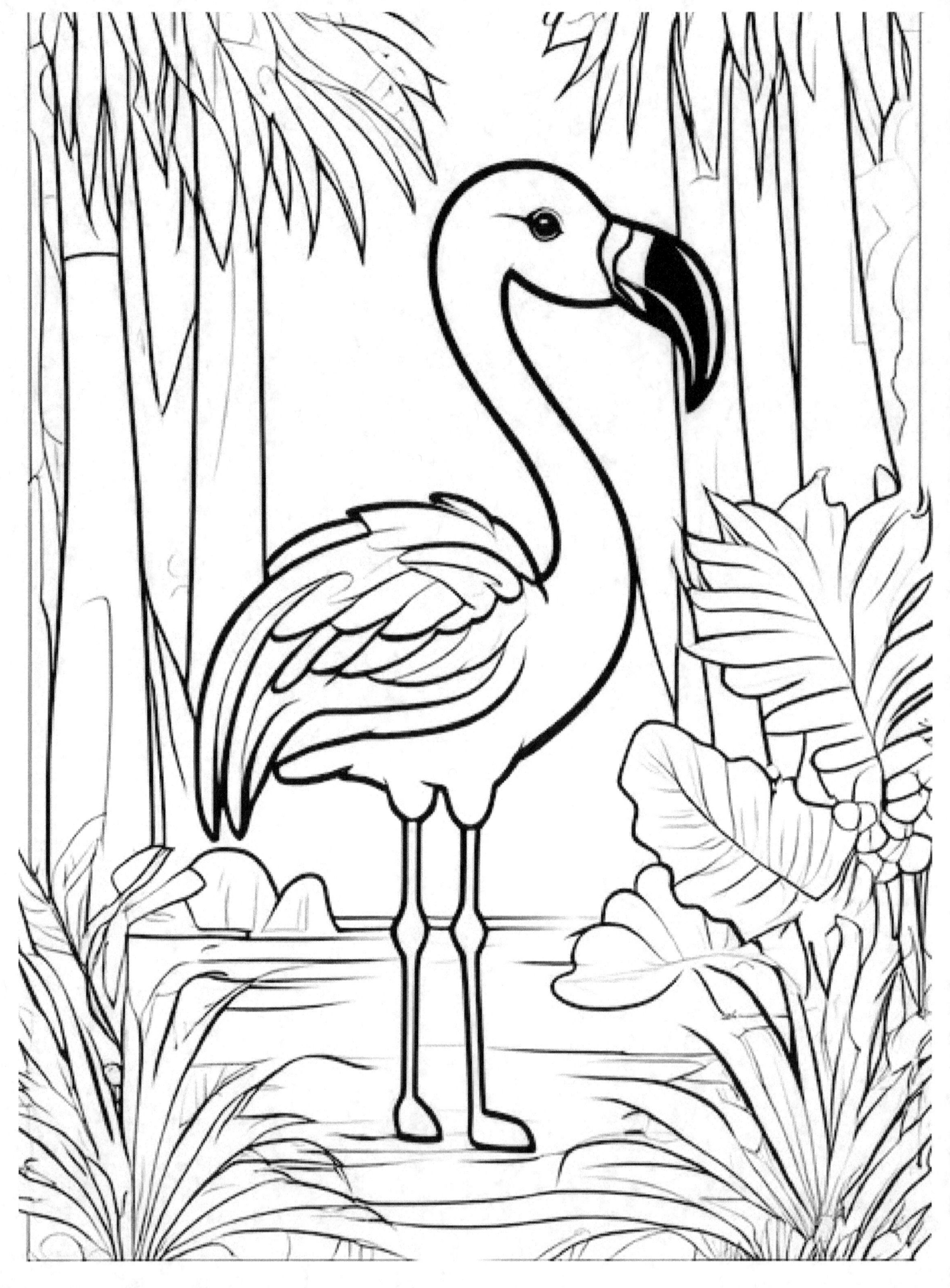

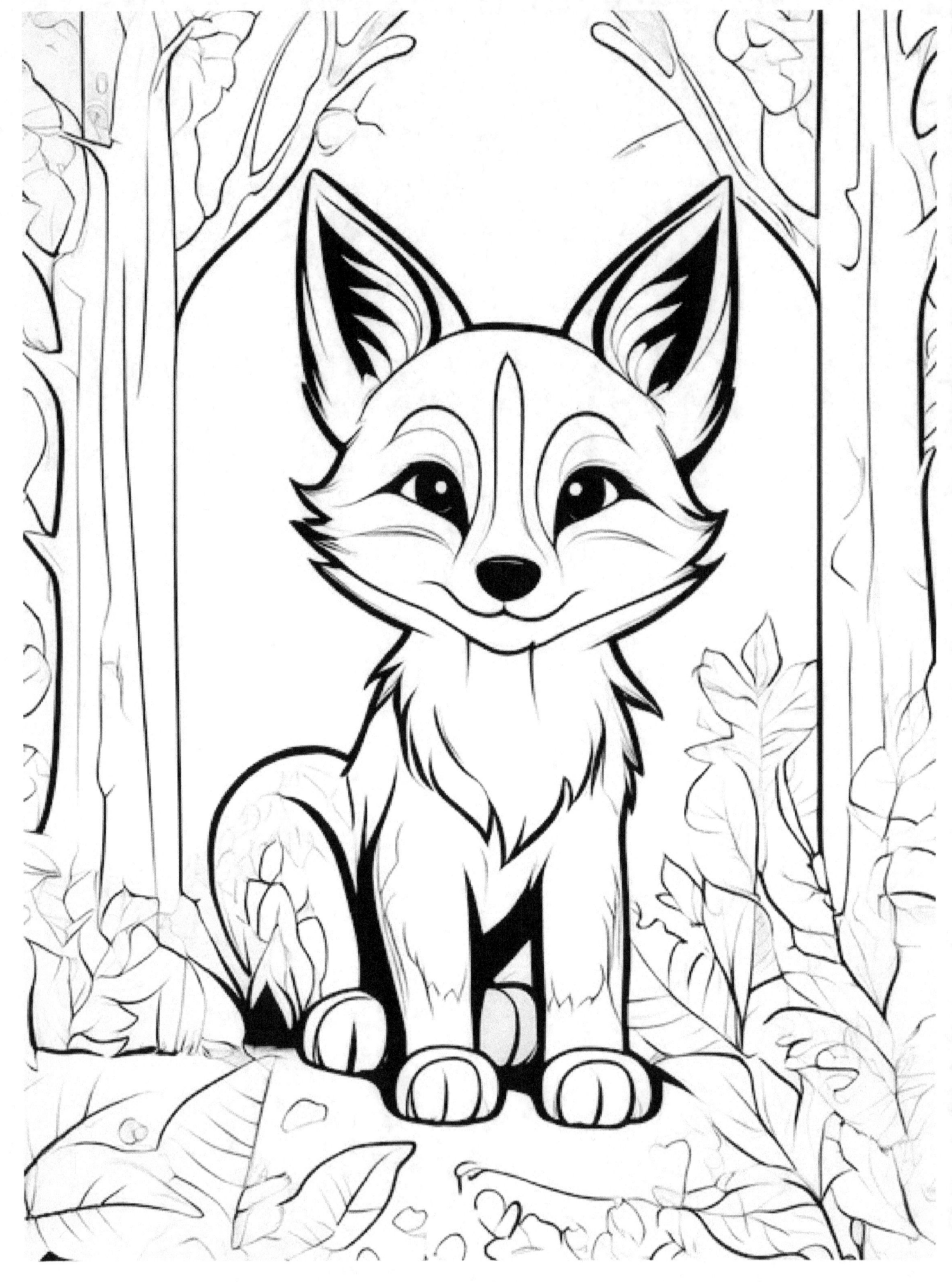

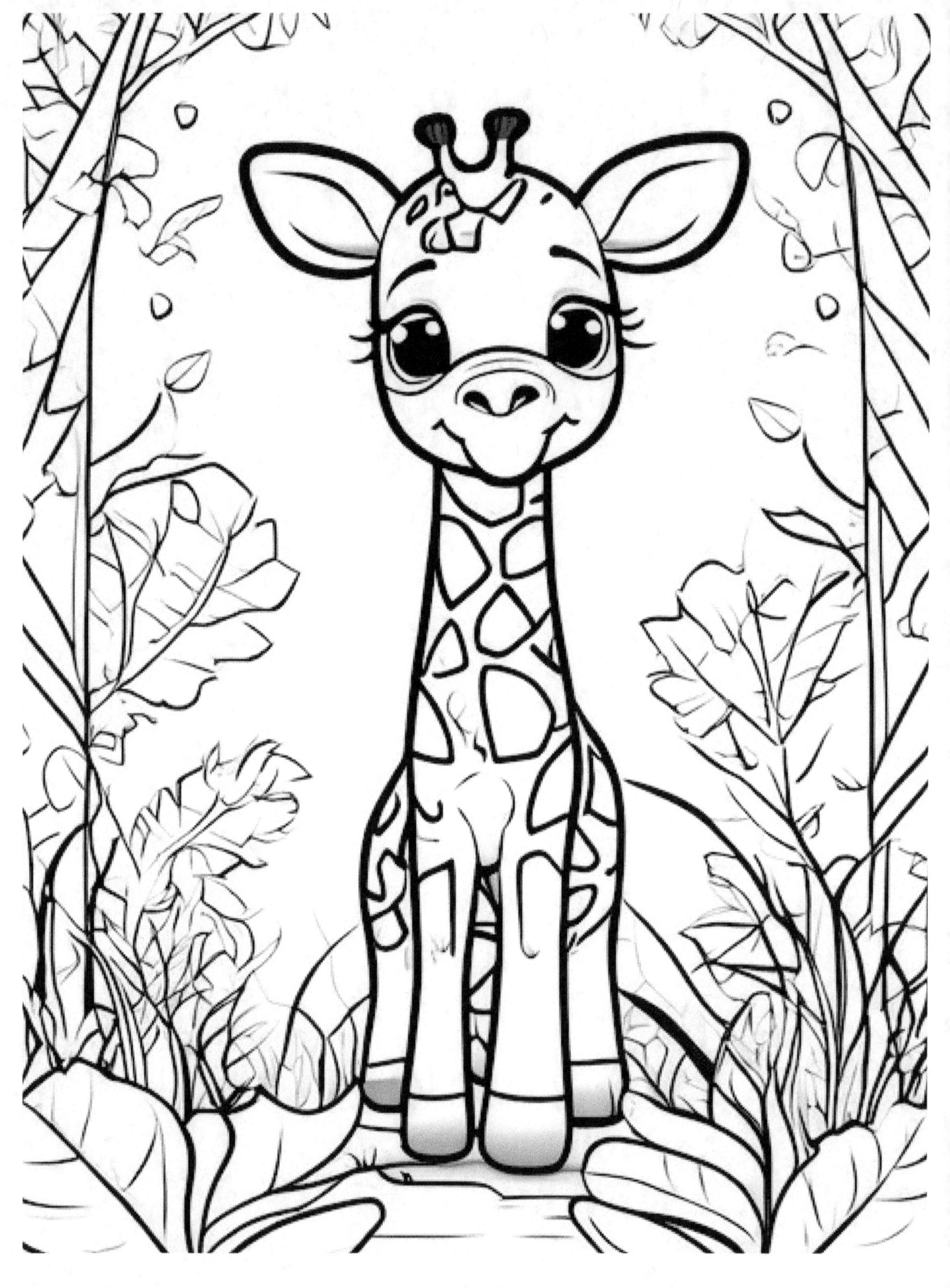

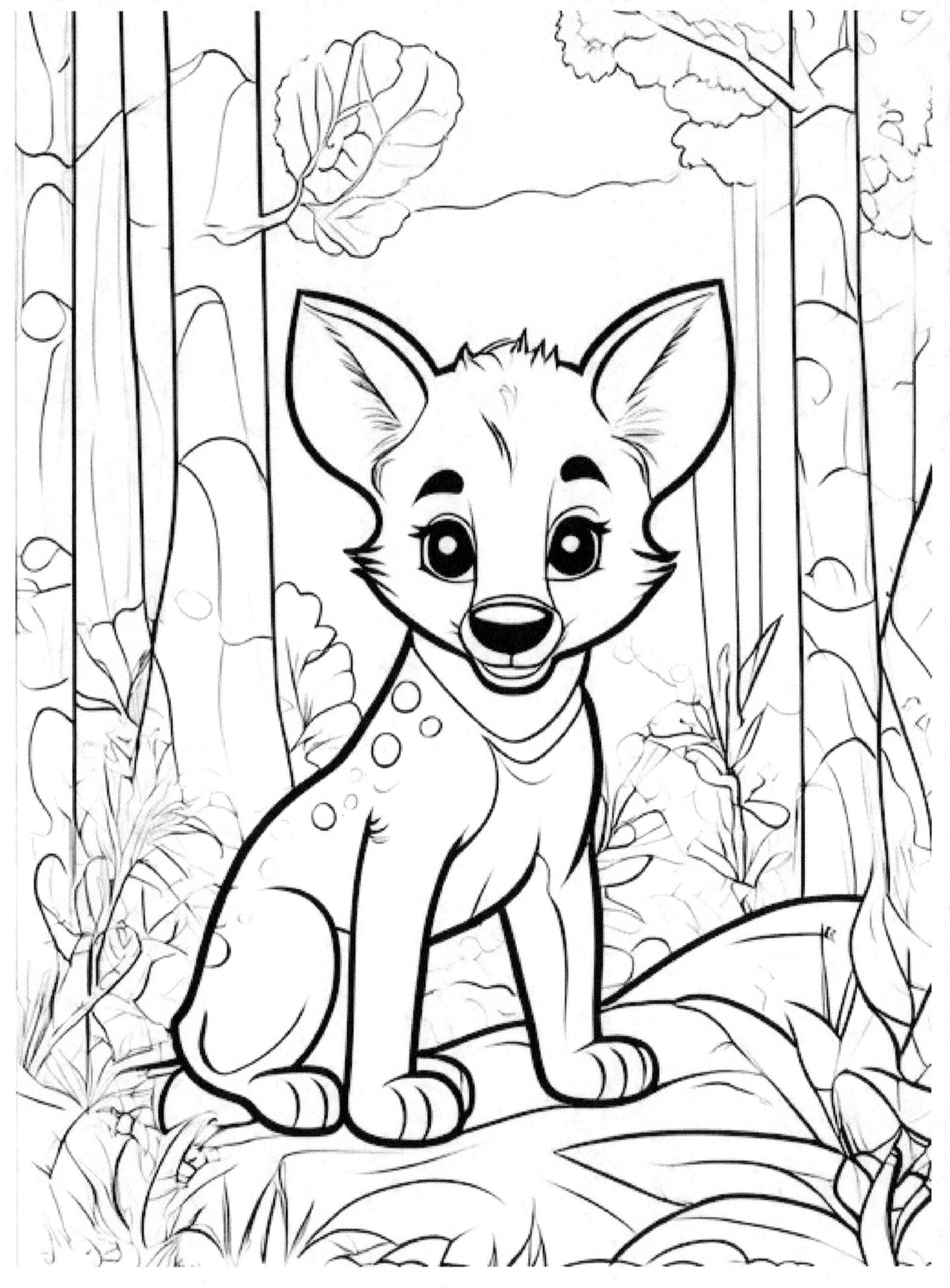

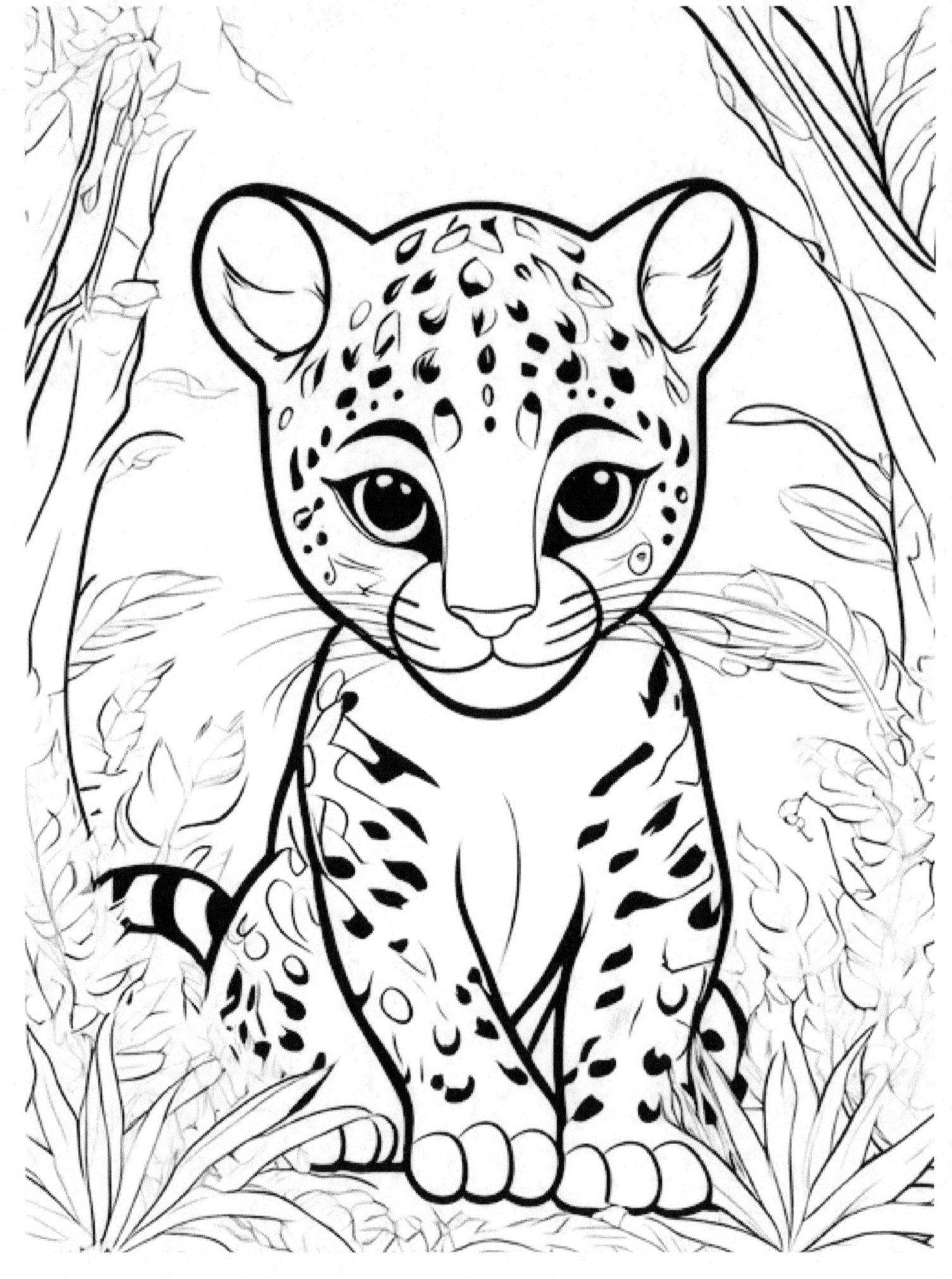

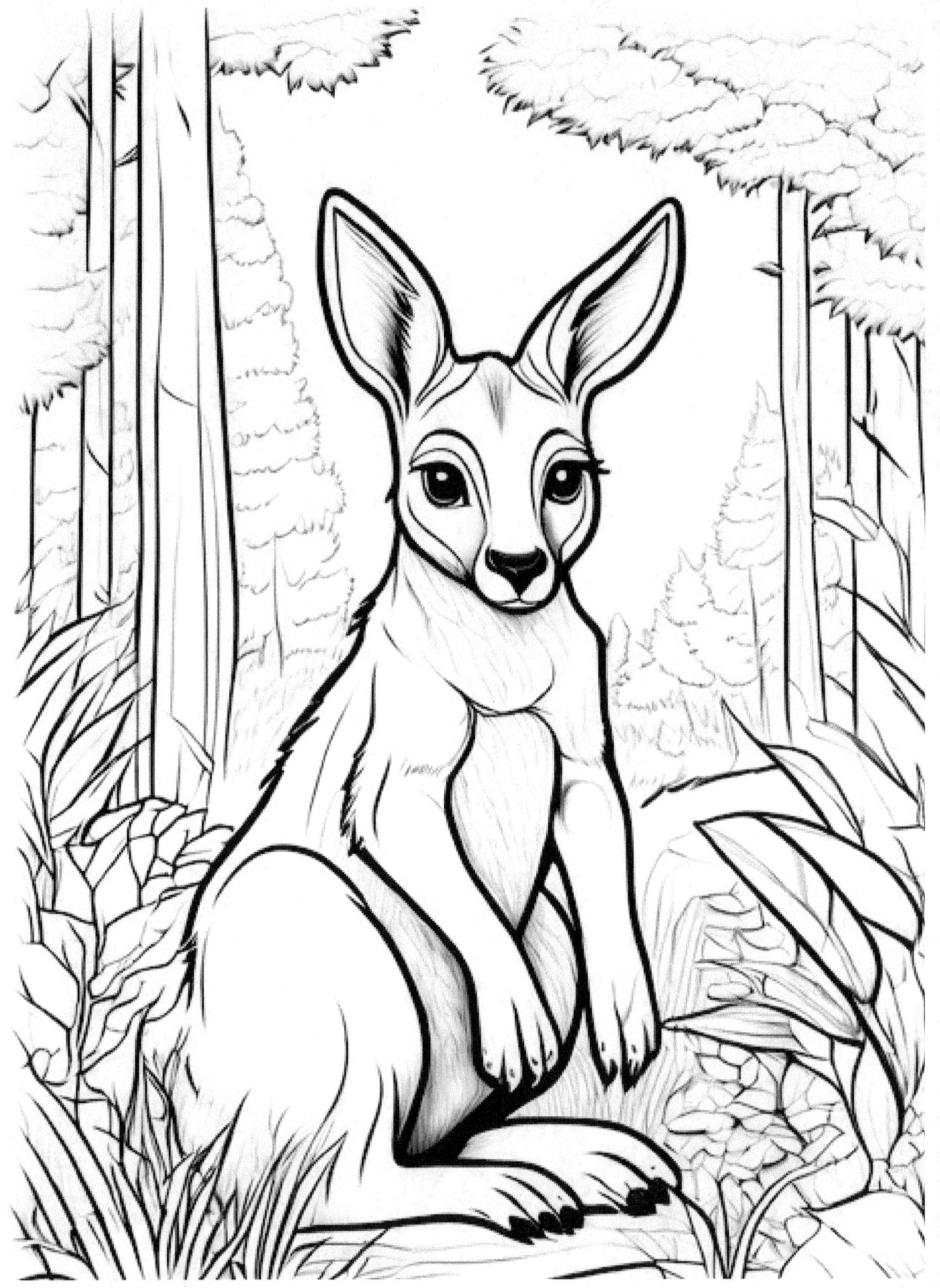

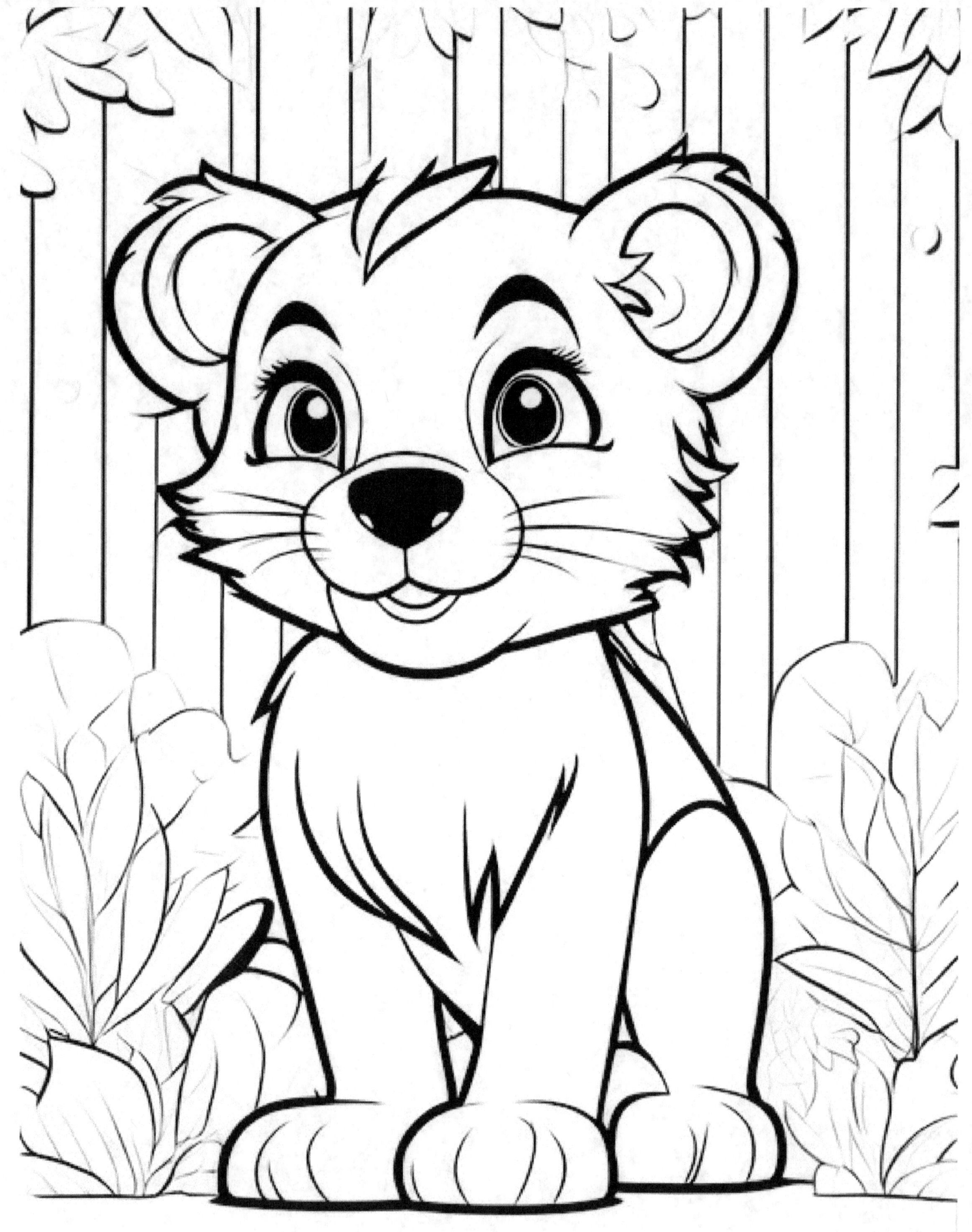

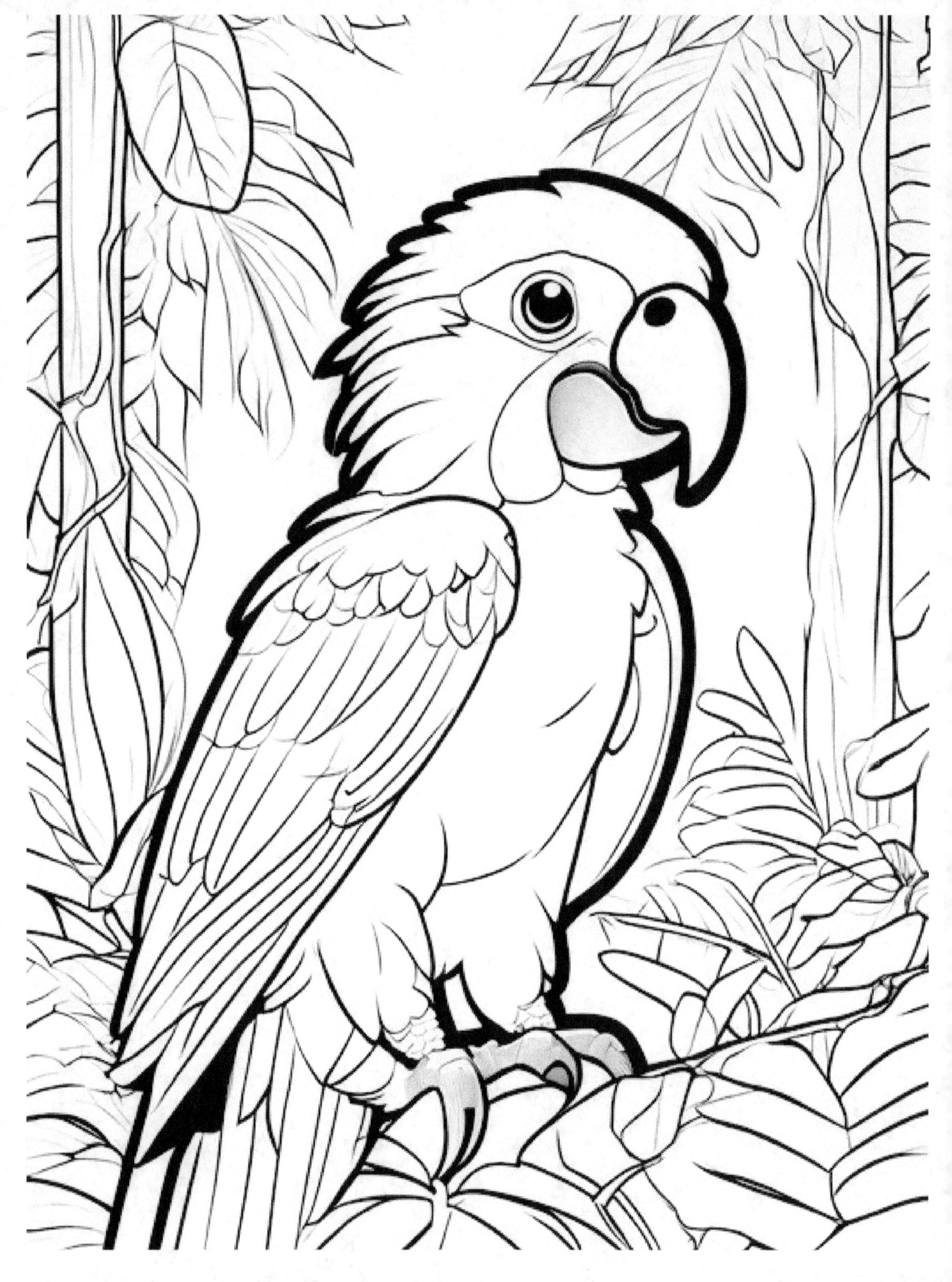

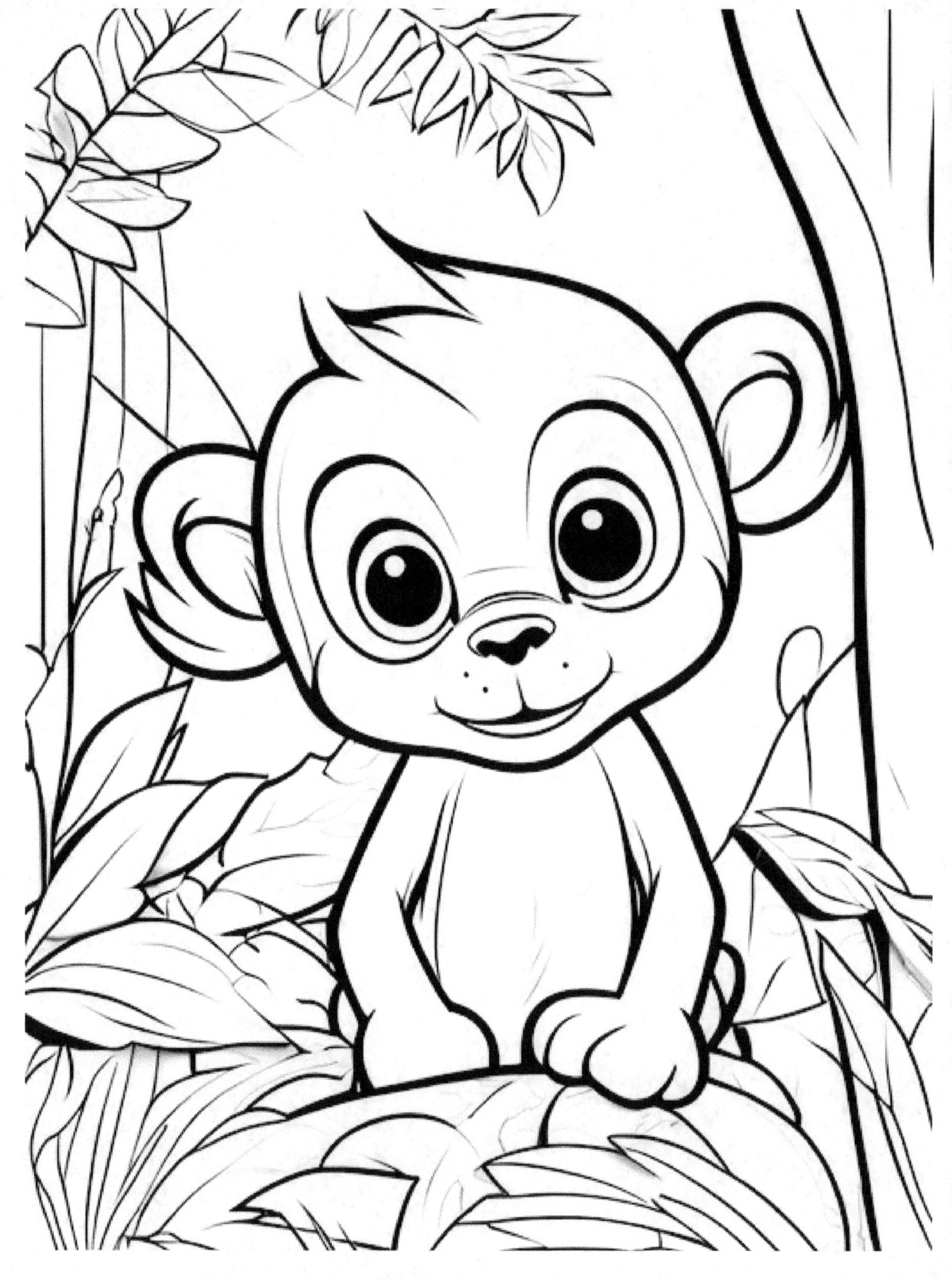

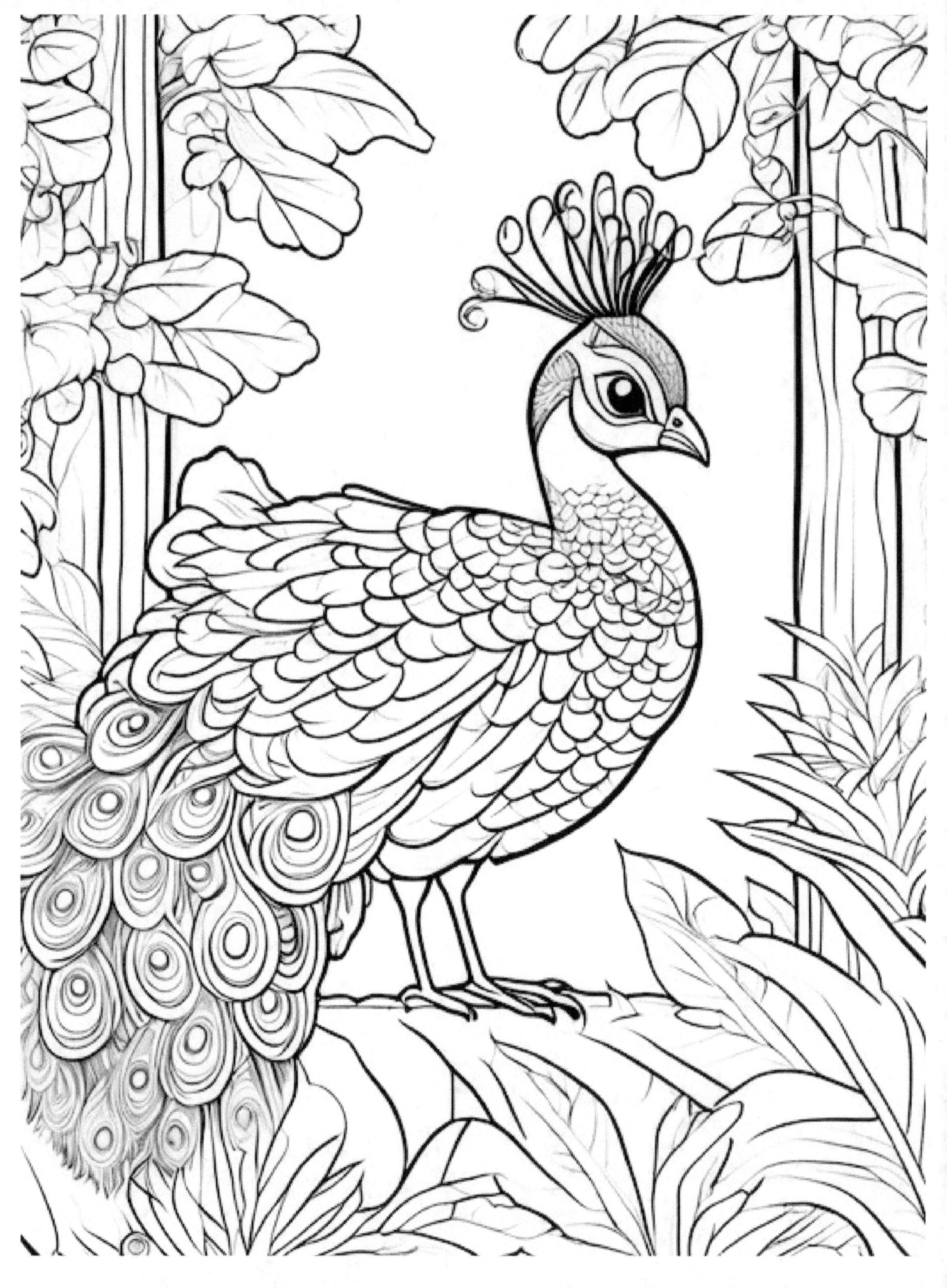

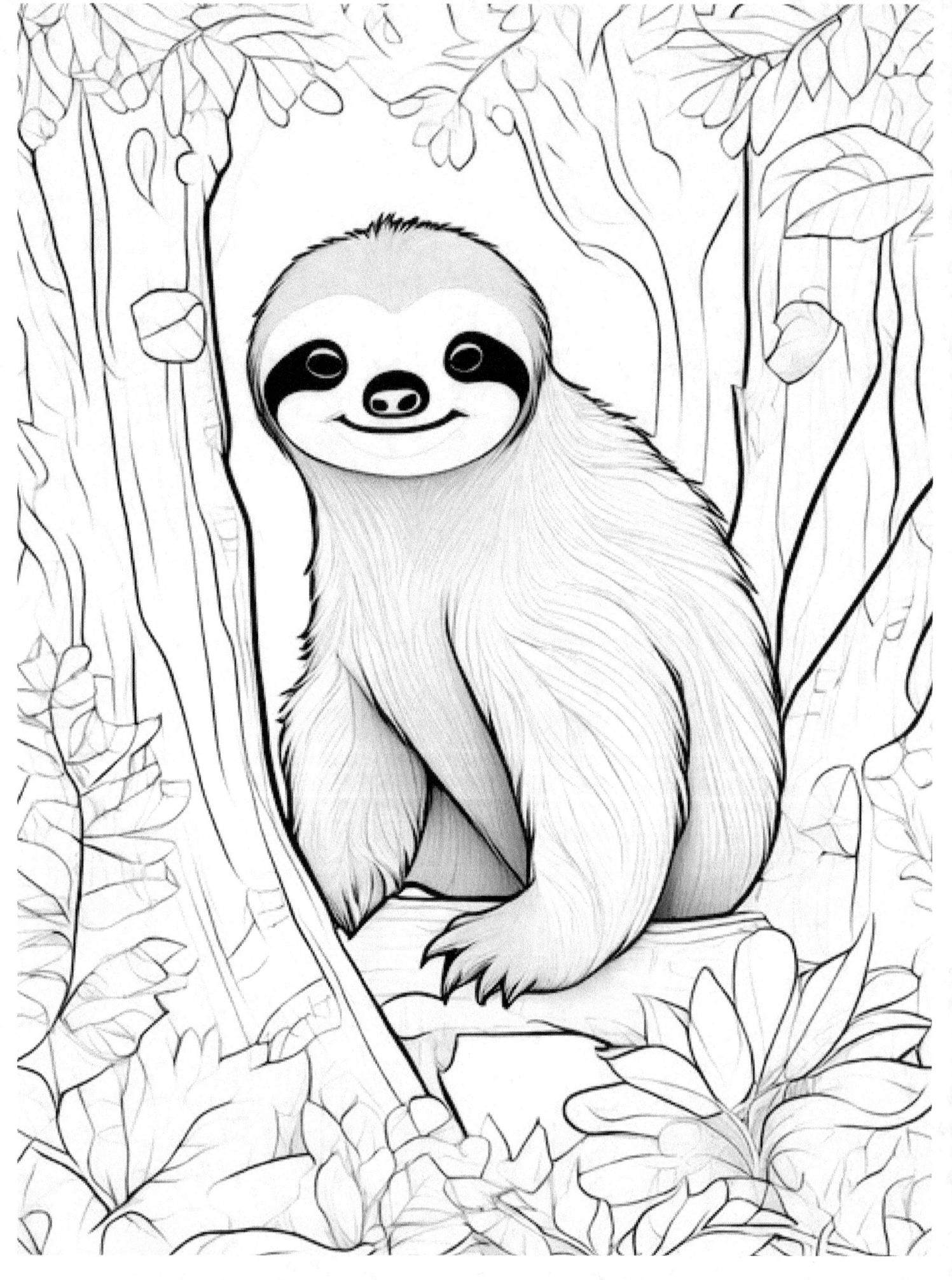

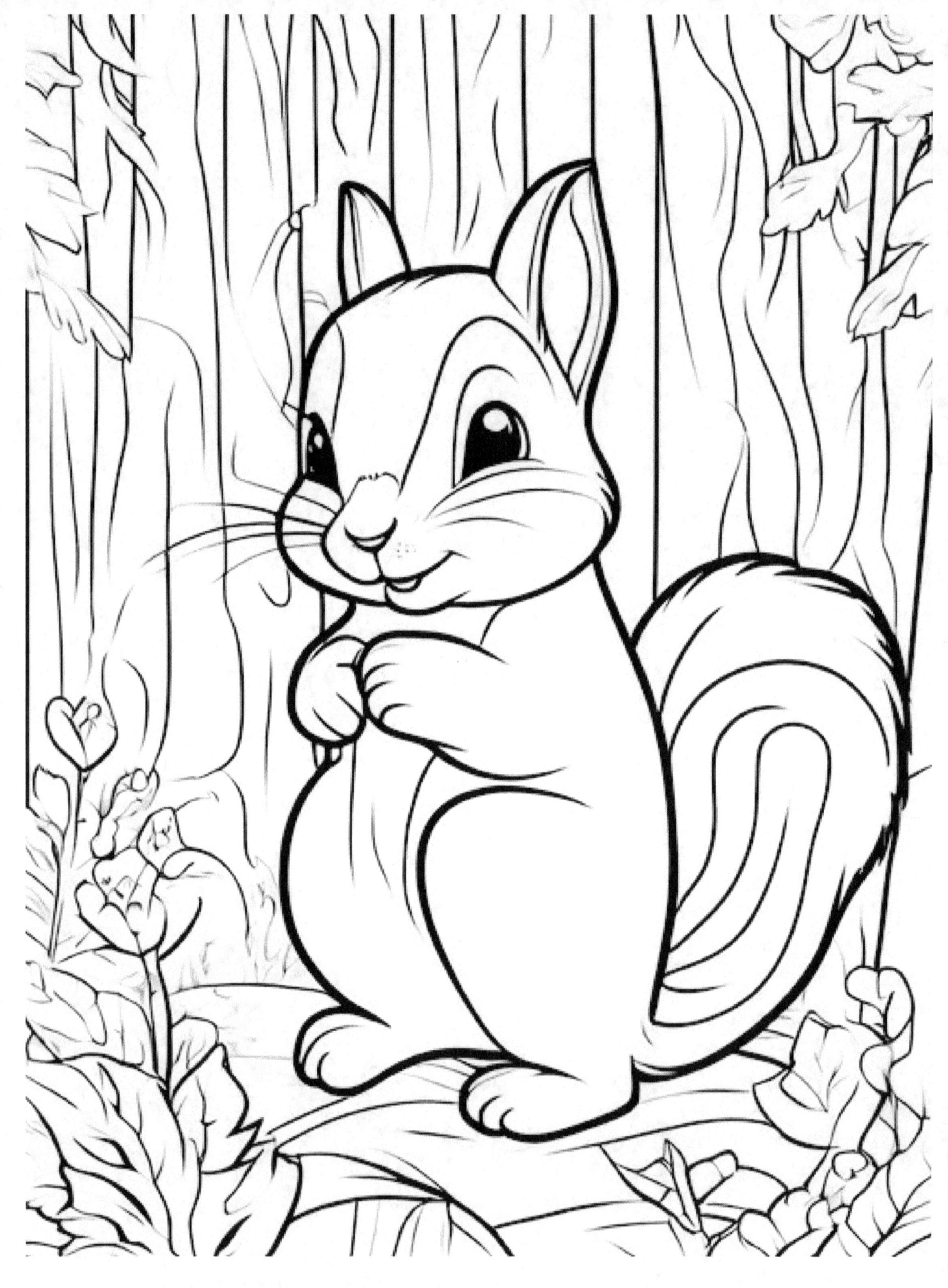

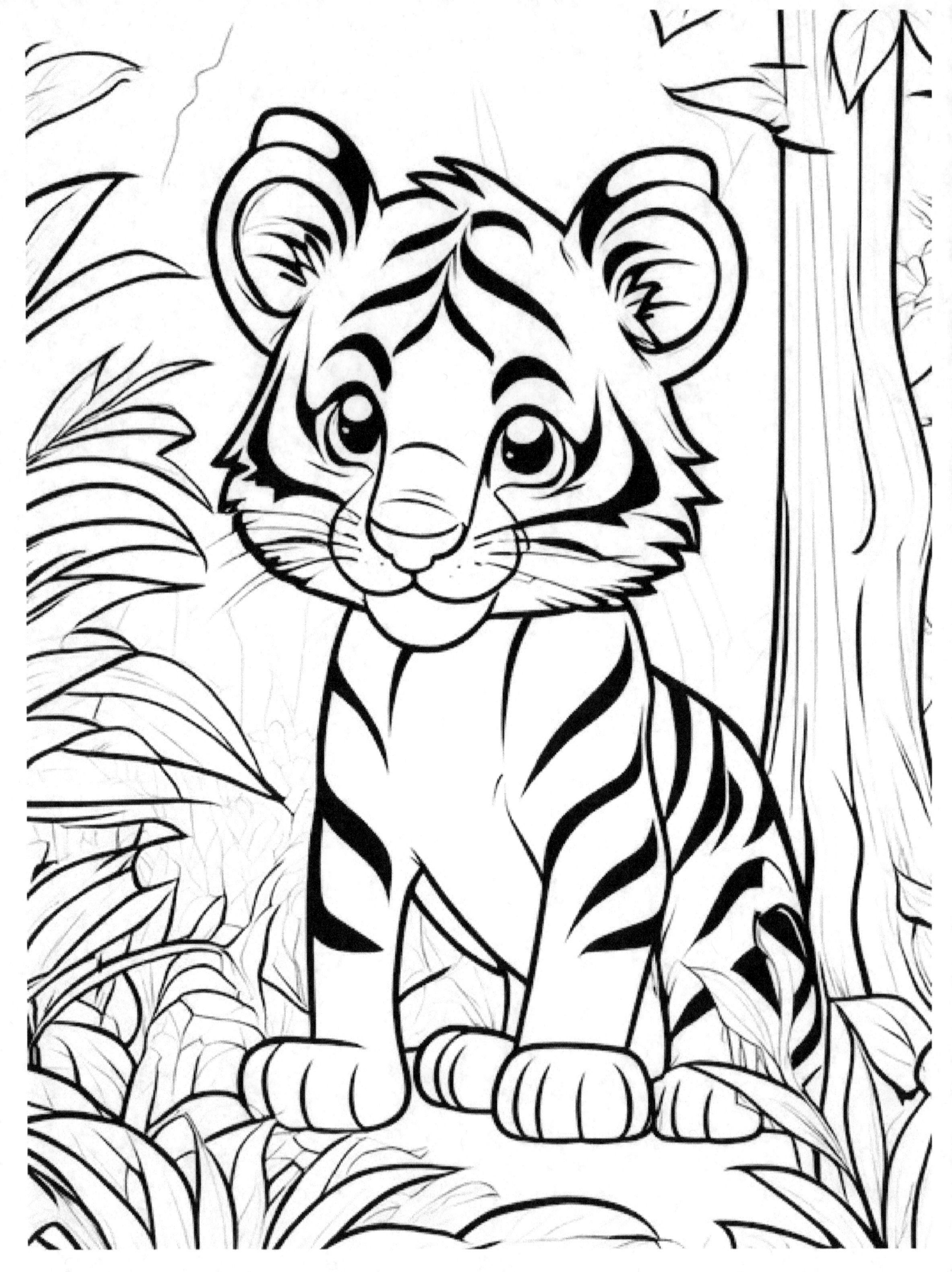

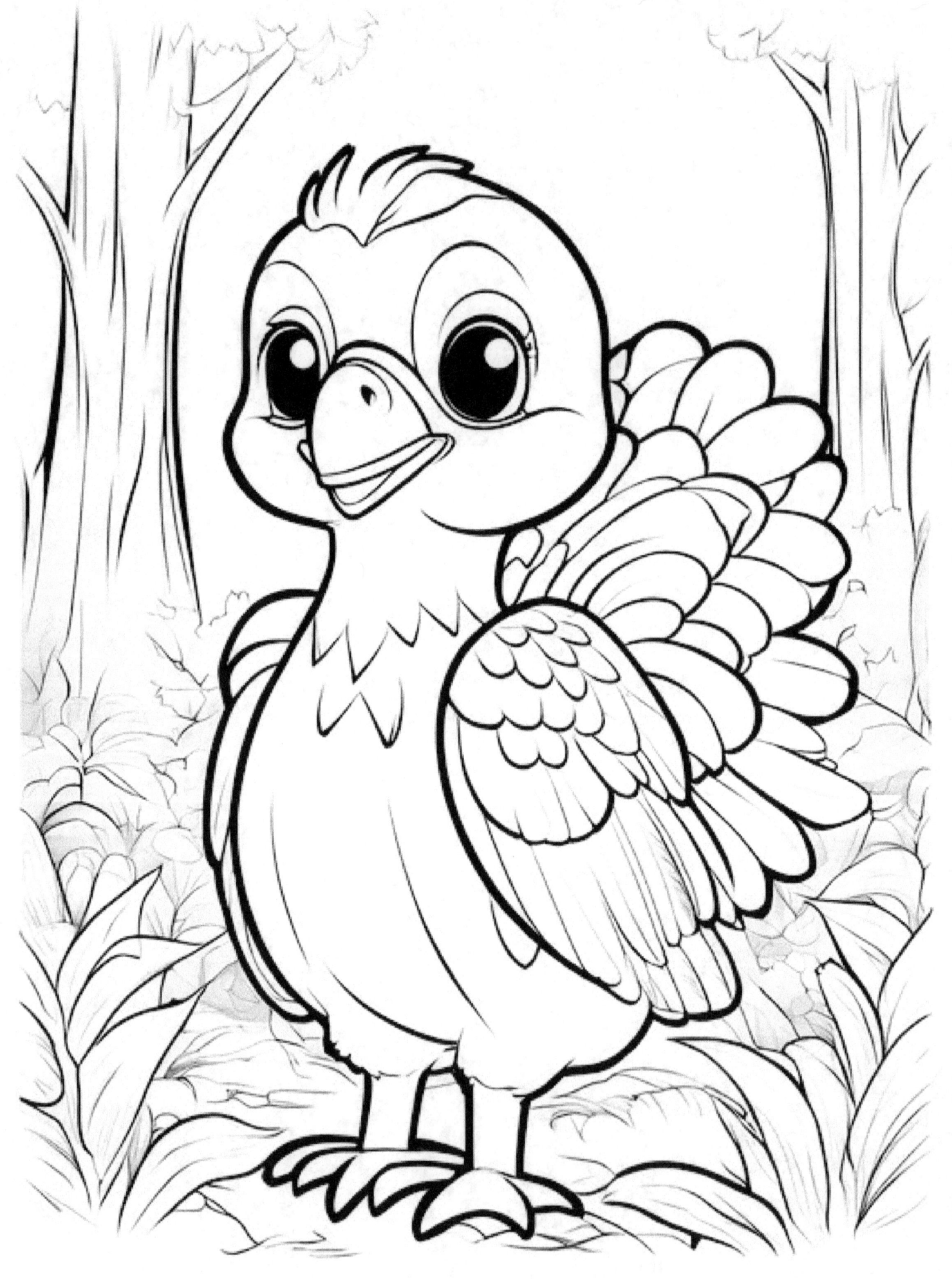

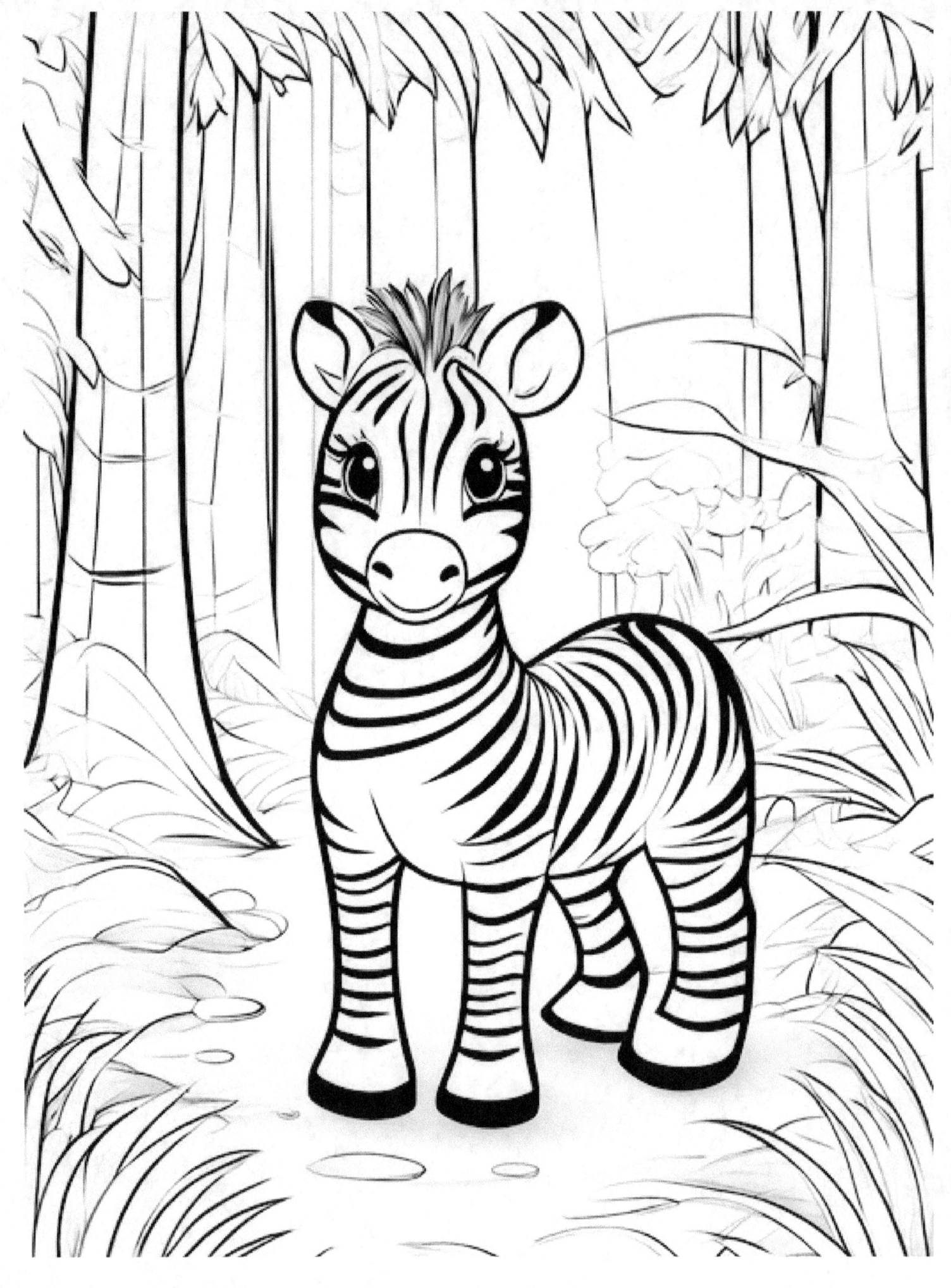

www.ingramcontent.com/pod-product-compliance
Lightning Source LLC
Chambersburg PA
CBHW081205290526
45796CB00010B/347